Library of Congress Cataloging-in-Publication Data

Contreras, Kathleen.
[Braids. Spanish & English]
Braids / Kathleen Contreras ; illustrated by Margaret Lindmark—Trencitas / Kathleen Contreras ;
ilustrado por Margaret Lindmark.
p. cm.
Summary: Isabella loves spending time with Abuela, especially
when the two share stories while Abuela braids Isabella's hair.
ISBN 978-1-933032-27-6 (hardcover)
[1. Storytelling–Fiction. 2. Grandmothers–Fiction. 3. Braids (Hairdressing)–Fiction. 4. Spanish
language material–Bilingual.] I. Lindmark, Margaret, ill. II. Title. III. Title: Trencitas.
PZ73.C6575 2009
[Fic]–dc22
2008055112

ISBN 978-1-933032-27-6
Printed in Singapore
10 9 8 7 6 5 4 3

To my great-niece, Isabella Contreras

–K. C.

To Erica and Elizabeth

–M. L.

Isabela watched as her grandmother unbraided her long, silky hair. It shone as brightly as the moon and flowed in soft ripples down to her waist.

Isabela loved it when Abuela came to visit. Each day, she and Isabela worked in the kitchen rolling the dough for tortillas. They crushed spicy *chiles* for salsa. Sometimes they sang songs together, too. Every morning, Abuela braided Isabela's hair into two braids, just the way she liked it. Then, every evening, Abuela unbraided Isabela's hair and brushed it until it shone.

Best of all, while Abuela braided and brushed Isabela's hair, she told stories. Important stories, old stories, sad stories, new stories. Abuela never seemed to run out of stories.

Isabela miraba cómo su abuela deshacía sus trenzas largas y sedosas. Su pelo era tan brillante como la luna al anochecer y le caía en suaves rizos hasta la cintura.

A Isabela le gustaba cuando su abuela venía de visita. Todos los días trabajaban en la cocina amasando la harina para las tortillas. Molían los chiles picantes para la salsa. A veces se ponían a cantar. Cada mañana, la abuela le hacía a Isabela dos trenzas. Luego, por las tardes, se las deshacía y le cepillaba el pelo hasta sacarle brillo.

Pero lo mejor de todo era que mientras la abuela le cepillaba y le trenzaba el cabello a Isabela, le contaba cuentos. Historias importantes, viejas, tristes, nuevas. A la abuela nunca se le terminaban las historias.

Isabela loved to tell stories, too. She preferred to think about her stories for a while, then write them down on paper. Isabela liked to read the words over and over again, crossing out some and adding in others, until the story was just right.

One morning, as Abuela braided Isabela's hair into two pigtails with yellow ribbons woven into them, Isabela eagerly held out a new story she had written. "Will you read the story that I wrote, Abuela?"

"Oh," Abuela replied, rubbing her eyes with her apron. "Maybe you had better read it, *m'ija*. My eyes are tired today."

So, as Abuela finished braiding Isabela's hair, Isabela read her story:

"Las mañanitas"
Every birthday, I wake up very early to the song "Las mañanitas."
Estas son las mañanitas que cantaba el rey David.
A las muchachas bonitas se las cantamos así...
I love waking up to the beautiful sound of my family as they serenade me every year. Sometimes my father calls the radio station, and they announce my birthday on the air and play "Las mañanitas," the special birthday song. It's fun to hear my name on the radio as the sun comes up!

Abuela's dark eyes shone like a thousand stars. "Bravo, Bela!" she exclaimed, calling Isabela by her special nickname. "You are a wonderful writer."

A Isabela también le gustaba contar historias. Prefería pensar en sus cuentos por un rato y luego escribirlos. Le gustaba leer las palabras una y otra vez, borrándolas o cambiándolas por otras hasta que el cuento quedaba perfecto.

Una mañana, mientras la abuela le hacía dos hermosas trenzas con unos listones amarillos entrelazados, Isabela, muy emocionada, le mostró el cuento que acababa de escribir.

—¿Quieres leer el cuento que escribí, abuelita?

—Ay —dijo la abuela, frotándose los ojos con el delantal—. Mejor tú, m'ija, hoy mis ojos están muy cansados.

Entonces, mientras la abuela terminaba de hacerle las trenzas, Isabela le leyó el cuento:

> "Las mañanitas"
>
> El día de mi cumpleaños me despierto muy temprano al escuchar "Las mañanitas".
>
> *Estas son las mañanitas que cantaba el rey David.*
>
> *A las muchachas bonitas se las cantamos así...*
>
> Me encanta despertarme con la hermosa serenata que mi familia me trae todos los años. Algunas veces, mi papá llama a la estación de radio y el locutor anuncia que es mi cumpleaños y después toca "Las mañanitas". ¡Es emocionante escuchar mi nombre por la radio al amanecer!

Los ojos negros de la abuela brillaron como mil estrellas.

—¡Bravo, Bela! —exclamó la abuela llamando a Isabela cariñosamente por su apodo—. ¡Eres una magnífica escritora!

The next morning Isabela asked her grandmother, "Abuela, who taught you how to braid?"

Abuela combed Isabela's long, black hair into sections. "I learned from my Mamá and my sisters," Abuela answered. "Every morning we lined up—from smallest to tallest. Each of us braided the smaller sister's hair. I was in the middle."

Abuela tied Isabela's braids at the ends with bright red ribbons. "There, Bela! Don't you look beautiful? Now you're ready for school."

Later that afternoon, Isabela raced into the house. "Abuela! Abuela! Read my story! It's about you!"

"Why don't you tell me about it while we cook dinner?" Abuela suggested. "Right now, it's time to make the tortillas."

Isabela's heart sank a little, but she tried not to show it.

A la mañana siguiente Isabela le preguntó a su abuela:

—Abuelita, ¿quién te enseñó a hacer trenzas?

La abuela peinaba el cabello largo y negro de Isabela en secciones:

—Aprendí de mi mamá y de mis hermanas —le contestó—. Cada mañana nos poníamos en fila, de la más pequeña hasta la más grande. Cada una le hacía trenzas a la más pequeña. Yo quedaba en el medio.

La abuela ató las trenzas de Isabela con cintas de color rojo brillante.

—¡Lista, Bela! ¡Te ves preciosa! Ya estás lista para la escuela.

Por la tarde, Isabela entró a la casa gritando:

—¡Abuelita, abuelita! ¡Lee mi cuento! ¡Es acerca de ti!

—¿Por qué no me lo cuentas mientras preparamos la cena? —sugirió la abuela—. Es hora de hacer las tortillas.

El corazón de Isabela se entristeció un poco, pero lo trató de disimular.

Later that night, as Abuela unwove Isabela's shiny long braids, a family story unfolded.

"My Mamá, your great-grandmother, loved to cook. She would always make the tortillas according to the size of the person. For my father, she made great big round tortillas, but for my little sister, she made tiny little round circles. The first time I made tortillas, they weren't very round. In fact, their shape was like spilled milk; but, as I practiced, I got much better at it."

Abuela brushed Isabela's hair in long, soft strokes. "Abuela?" Isabela asked. "I'm practicing writing my own story. Now will you read it?" She unfolded the pages against her heart.

"If only I hadn't left my glasses at your Tía's house!" said Abuela with a sigh.

"That's okay, Abuela," Isabela said gently. "I'll read it to you."

When Isabela finished, Abuela gave Isabela a big hug. "You're a born storyteller, Bela."

"Just like you, Abuela," said Isabela, hugging her grandmother.

Esa noche, mientras la abuela le deshacía las trenzas a Isabela, surgió una historia de la familia…

—A mi mamá, tu bisabuela, le gustaba cocinar. Ella siempre hacía tortillas especiales para cada uno de nosotros según nuestro tamaño. A mi papá le hacía una tortilla muy grande y redonda, pero a mi hermanita le hacía una tortilla muy chiquita. La primera vez que yo hice tortillas no me salieron redondas. De hecho, parecían leche derramada; pero luego, con la práctica, aprendí a hacerlas bien.

La abuela le cepillaba el pelo a Isabela con movimientos largos y suaves.

—Abuelita, estoy tratando de mejorar mi cuento. ¿Lo leerás ahora? —le preguntó Isabela, abrazando las páginas contra su pecho.

—¡Si no hubiera dejado mis lentes en casa de tu tía! —dijo la abuela con un suspiro.

—Está bien, abuelita —dijo Isabela con cariño—. Yo te lo leeré.

Cuando Isabela terminó de leer, la abuela le dio un abrazo muy fuerte.

—¡Naciste para contar historias, Bela!

—Como tú, abuelita —dijo Isabela, abrazándola.

"Good morning, Abuela!" Isabela sang out to her grandmother.

"*Buenos días*, Bela," said Abuela warmly, as she busily wove her flowing hair into one long braid down her back.

Abuela finished tying her hair and showed Isabela a bright card filled with colored pictures. "On special feast days," Abuela said, "there were big celebrations. We loved the *ferias*. We ate corn on the cob with *chile*, and sweet mango popsicles. We played fun games, too! Our favorite game was *lotería*, with its bright cards. My father always bought my sisters and I two playing cards each," Abuela paused to remember.

Isabela ran her fingers over the card. It reminded her of bingo.

Abuela continued. "The caller would shout the name of a picture—'The musician!…the moon!…the star!…the watermelon!…the frog!'—and everyone searched his or her card for the picture. We used beans or plastic chips to mark the spaces. Playing *lotería* was fun because you never knew who would win!"

—Buenos días, abuelita —saludó Isabela.

—Buenos días, Bela —dijo la abuela cariñosamente, mientras se hacía una sola trenza que le caía por la espalda.

La abuela se ató la trenza y le enseñó a Isabela una carta con dibujos de colores brillantes.

—En las fiestas de mi pueblo había grandes celebraciones. Nos encantaban las ferias. Comíamos elotes con chile y unas paletas de mango. ¡Y nos encantaban los juegos! Nuestro juego favorito era la lotería, con sus cartas brillantes. Mi papá siempre compraba dos cartones para cada una de nosotras.

La abuela se quedó pensativa recordando aquellos tiempos.

Isabela examinó la carta con emoción. Le recordó el bingo.

La abuela continuó:

—El "gritón" siempre "cantaba" el nombre de cada carta: "¡El músico!… La luna!… ¡La estrella!… ¡La sandía!… ¡La rana!". Y todos buscábamos el dibujo en nuestros cartones. Usábamos frijoles o fichas para marcar los dibujos. ¡Jugar a la lotería era muy divertido porque no sabíamos quién iba a ganar!

Abuela began to braid Isabela's hair. "Abuela, tell me more about *lotería*!" Isabela asked.

"Sometimes," Abuela said, weaving purple ribbons into Isabela's hair, "to make the game even more interesting, the caller would recite riddles and we would have to guess what they were. If the caller shouted, 'The sailor's guide!' we would search for the star."

Isabela held the *lotería* card. "Give me a riddle, Abuela!" she said excitedly. "Let me try!"

"Okay," said Abuela. "Try this one: a blanket for the poor."

Isabela studied her playing card. "I know! The sun!"

"Yes!" said Abuela. "And the first person with four in a row on the playing card, a cross, or all four corners would win the game!"

"Let's play *lotería* tomorrow!" said Isabela happily.

La abuela comenzó a trenzar el pelo de Isabela.

—Abuelita, cuéntame más sobre la lotería —le pidió Isabela.

—Algunas veces —dijo la abuela, entretejiendo unos listones morados en las trenzas de Isabela— para hacer el juego más divertido, el gritón recitaba adivinanzas y nosotros, los jugadores, teníamos que adivinar qué era. Por ejemplo, si el gritón decía: "La guía del marinero", nosotros buscábamos la estrella.

Isabela tomó una carta de la lotería y muy emocionada dijo:

—¡Dime una advinanza, abuelita! ¡Déjame probar!

—Está bien —dijo la abuela—. Probemos ésta: la cobija de los pobres.

Isabela revisó todo el cartón:

—¡Ya sé! ¡El sol!

—¡Sí! —dijo la abuela—. ¡Y la primera persona que llenaba una línea, una cruz o las cuatro esquinas ganaba el juego!

—¡Juguemos a la lotería mañana! —exclamó alegremente Isabela.

Early the next morning before school, Isabela pulled a book from her backpack. "Abuela," she said. "You'll like this story. Shall I read it to you?"

"Yes, please!" answered Abuela.

So Isabela read from her book and Abuela listened to every word. Then Isabela stopped and wrinkled her eyebrows. "What does this say, Abuela?" she asked, pointing to a word she had never seen before.

Abuela squinted her eyes at the word.

"Abuela?" repeated Isabela. "Are your eyes tired again?"

Abuela remained quiet. Finally, she said softly, "Bela, you will have to do the best you can." She gave Isabela a gentle hug. "Besides," said Abuela, "I'm a storyteller, not a reader."

Isabela was puzzled. "But you can do both, Abuela!" she told her grandmother.

Abuela held Isabela tight and whispered to her, "One day, my Bela, perhaps you will understand that I am too old to learn new things.

A la mañana siguiente, antes de ir a la escuela, Isabela sacó un libro de la mochila.

—Abuelita —dijo— te gustará este cuento. ¿Te lo leo?

—Sí, por favor —contestó.

Así, mientras Isabela leía el libro, la abuela escuchaba atentamente cada palabra. Entonces, Isabela se detuvo y frunció las cejas.

—¿Qué dice aquí, abuelita? —preguntó, señalando una palabra que nunca había visto.

La abuela entrecerró los ojos al ver la palabra.

—Abuelita —repitió Isabela—. ¿Tienes los ojos cansados?

La abuelita permaneció callada. Finalmente dijo en voz baja:

—Bela, tienes que esforzarte tú —le dijo dándole un abrazo—. Además, yo soy una cuentacuentos, no una lectora.

Isabela estaba confundida.

—Pero puedes hacer las dos cosas, abuelita —le dijo Isabela.

La abuela abrazó más fuerte a Isabela y le susurró al oído:

—Algún día, mi Bela, comprenderás que ya soy demasiado mayor para aprender cosas nuevas.

Later than night, the whole family played *lotería*.

"The sun," said Isabela. "The palm," she read, as they looked for the palm tree.

"A girl's name and a flower," she said, giving a clue this time.

"I have it!" shouted her father placing a bean on a pretty rose.

"To climb to the sky, you need…"

"A ladder!" called out her brother Fernando.

Isabela called out more words until her brother yelled excitedly, "*Lotería! Lotería!*"

"Oh!" said Isabela's mother, making a silly frown. "I just needed one more to win!

Now, who wants hot chocolate with *pan dulce?*" she asked.

"We do! We do!" everyone answered.

Esa noche, toda la familia jugó a la lotería.

—El sol —dijo Isabela—. La palma —leyó, mientras buscaban la palma.

—Un nombre de mujer y el de una flor —dijo Isabela.

—¡Yo la tengo! —gritó su papá, poniendo un frijol en la rosa.

—Para subir al cielo, ¿necesitas… ?

—¡Una escalera! —dijo su hermano Fernando.

Isabela cantó otras palabras hasta que su hermano gritó: —¡Lotería! ¡Lotería!

—¡Ay! —dijo la mamá de Isabela haciendo un gesto con la cara—.

¡Sólo me faltaba una para ganar! Ahora, ¿quién quiere chocolate caliente con pan dulce?

—¡Nosotros! ¡Nosotros! —contestaron todos.

That night, bright pictures from the lotería filled Isabela's head. The singing parrot—*el cotorro*—sang alongside a giant harp—*el arpa*. A beautiful umbrella—*el paraguas*—opened next to a prickly nopal cactus. She climbed a tall ladder—*la escalera*—to touch the shining star—*la estrella*.

That night, in her dream, Abuela appeared too, wearing a golden crown—*la corona*. "What a good story!" she said to Isabela, handing her a book. "I'm so proud of you, Bela."

Esa noche, Isabela soñó con los coloridos dibujos de las cartas: el cotorro cantaba junto a un arpa gigante. El paraguas se abría junto a un nopal espinoso. Y ella subía a una escalera alta para tocar la estrella brillante.

La abuela también apareció en sus sueños con una corona de oro: *"¡Qué buena historia!"* le decía, entregándole un libro. *"Me siento muy orgullosa de ti, Bela".*

The next morning, Isabela rose with the sun and left early for school. Her hair blew all around her. "No braids for me today!" she thought to herself. She had a very special project to work on.

"Where's Isabela?" asked Abuela, entering the kitchen. She wondered why Isabela had left without having her braid her hair and saying goodbye.

That night, Isabela worked very hard on her project. When it was time to go to bed, she begged her mother for a few minutes more. "I just have to finish!" she told her mother.

"Well," said Isabela's mother, giving her a firm look, but smiling. "I suppose you can have a few minutes more."

"Thank you, Mamá!" Isabela said excitedly. She kissed her mother goodnight and returned to her special project. That night, she didn't even brush her hair.

A la mañana siguiente, Isabela se levantó con la salida del sol y salió temprano para la escuela. Su cabello suelto se movía de un lado a otro. *"Hoy no tengo trenzas"*, se dijo. Tenía un proyecto muy importante que hacer.

—¿Dónde está Isabela? —preguntó la abuela, al entrar en la cocina. Se preguntó por qué Isabela se había ido sin que le hiciera las trenzas y sin despedirse de ella.

Esa noche, Isabela trabajó con esmero en el proyecto. Y a la hora de acostarse, le suplicó a su mamá que la dejara otro ratito más.

—¡Tengo que terminar esto, mamá!

—Está bien —le dijo su mamá, mirándola fijamente pero sonriendo—. Tienes unos minutos más.

—¡Gracias, mami! —dijo Isabela muy contenta. Le dio un beso de buenas noches y continuó trabajando en el proyecto. Esa noche ni siquiera se cepilló el cabello.

The next day, Isabela walked into the kitchen looking as bright and as fresh as the morning sun. "Come sit here, Abuela," she said. She showed her grandmother a set of small white cards, each one with a colorful picture and a hand-printed word below.

Isabela then read each card aloud, pointing to the different consonants and vowels.

Abuela looked at her granddaughter and smiled. She recognized these letters and sounds from years long past.

"Let's practice," said Isabela. "I'll be the teacher," she proclaimed, acting proudly as if she were a real-life teacher.

"Wa…ter…mel…on," Isabela said, sounding out the syllables under the watermelon picture. "Wa…ter…mel…on," Abuela repeated.

"Pa…l…m, palm" said Abuela, swaying slowly as a palm tree. "Moo…n, moon," she read, her face bright as the moon. "Pi…ne," read Abuela, cutting the sounds sharply like a pinecone. "Drum," she said reading faster, her heart beating like a drum.

El día siguiente, Isabela entró en la cocina resplandeciente y fresca como el sol de la mañana.

—Ven, siéntate aquí, abuelita.

Isabela le enseñó un paquete de cartas blancas, cada una con un dibujo a colores y con una palabra escrita debajo del dibujo.

Entonces, Isabela leyó cada una de las cartas, señalando las consonantes y las vocales.

La abuela miró a su nieta y sonrió. Reconocía las letras y los sonidos de haberlos visto y escuchado años atrás.

—Vamos a practicar —dijo Isabela—. Yo seré la maestra —dijo, actuando como una maestra de verdad.

—San… dí… a —dijo Isabela pronunciando las sílabas escritas debajo del dibujo de la sandía.

—San… dí… a —repitió la abuela.

—Pal… ma, palma —leyó, meciéndose suavemente como una palmera.

—Lu… na, luna —leyó, y su cara se iluminó como la luna.

—Pi… no —leyó la abuela, cortando el sonido como si lo hiciera con las escamas afiladas de una piña—. Tambor —leyó rápidamente, mientras su corazón latía como un tambor.

As the weeks passed, both Abuela and Isabela shared their gifts of story and words with each other. Little by little, Abuela learned how to read the cards and, bit by bit, Isabela became more confident about telling her stories aloud without looking at a piece of paper.

Then, one day, the phone rang. It was time for Abuela to visit Tía Lupe's family, in another city.

Isabela was sad to see Abuela leave.

"Until the next time," said Abuela, with a smile. She hugged her family and held Isabela extra tight.

Pasaban las semanas y la abuela e Isabela compartían las historias escritas y narradas. Poco a poco, la abuela aprendió a leer las cartas de la baraja e Isabela aprendió a contar sus historias sin necesidad de leerlas.

Entonces un día, sonó el teléfono. Ahora le tocaba a la abuela visitar a la familia de tía Lupe, que vivía en otra ciudad.

Isabela se puso muy triste al ver partir a su abuela.

—Hasta la próxima —dijo la abuela con una sonrisa. Le dio un abrazo a toda la familia y uno muy fuerte a Isabela.

A few weeks later, a small box arrived for Isabela. Inside was a pretty notebook and a note from Abuela which read,

My dear Bela,
Families and stories are like braids.
They are woven and tied together with love.
                            Love,
                            Abuela

Algunas semanas después llegó una pequeña caja para Isabela. Dentro había un bonito cuaderno y una nota de la abuela que decía:

Mi querida Bela:
La familia y las historias son como las trenzas.
Se tejen y se sujetan con amor.

Cariños,
Abuelita

That night, Isabela unbraided her long, silky hair. She brushed it until it shone as brightly as the night sky. She wanted to reply to Abuela's beautiful note with just the right thing to say. She thought about it very hard and went to sleep thinking of her grandmother.

Dreaming of *lotería*, she heard the musician, *el músico*, playing his guitar, while the bird, *el pájaro*, sang along. They were two of a kind, making sweet sounds together.

★ ★ ★

Esa noche, Isabela deshizo sus trenzas largas y sedosas. Se cepilló el pelo hasta que brilló tanto como la noche. Quería encontrar la respuesta perfecta a la carta de su abuela. Se puso a pensar en ello seriamente, hasta que se quedó dormida.

Soñando con la lotería, escuchó al músico tocar la guitarra junto al pájaro, que entonaba una canción. Eran tal para cual y juntos lograban una bella melodía.

Before she knew it, Isabela heard a rooster—*el gallo*—calling to welcome the morning. She got up quickly and braided her hair into two braids. One braid for her, the other for Abuela. She knew exactly what she would write in her note to Abuela.

Antes de que se diera cuenta, Isabela escuchó el gallo dándole la bienvenida a la mañana. Isabela se levantó rápidamente y se hizo dos trenzas—una trenza por ella y la otra por su abuela. Entonces supo exactamente qué le escribiría a su abuelita.